COCINA PAÍS POR PAÍS

gasNatural

EL PAIS

DIRECCIÓN EDITORIAL
Carlos Tordesillas Colado

EDICIÓN Y COORDINACIÓN
Marta Tordesillas

AUTOR
Ignacio Medina

SUPERVISIÓN EDITORIAL
Santillana Ediciones Generales, S.L.

DISEÑO Y DIRECCIÓN DE ARTE
EMO

MAQUETACIÓN
Alfonso Lara

FOTOGRAFÍAS DE INTERIORES
Javier Peñas

FOTOGRAFÍA DE CUBIERTA Y RETOQUE DIGITAL
Rosa Tendero

ESTILISMO DE CUBIERTAS
María Fernández

ISBN obra completa: 84-9815-072-8
ISBN: 84-9815-066-3
Depósito legal: M-1536-2005
Impreso en España por RUAN, S.A.

Texto cedido por MFG&schmidt para la presente edición.

Portugal

Las cocinas de Portugal

Las cocinas de Portugal

La cocina portuguesa se hace grande recorriendo un curioso laberinto que la lleva de las soberbias muestras de ingenio culinario, nacidas en los fogones más humildes, al alambicado recetario de los palacios y la cocina de la grandeza.

Las cocinas portuguesas –porque en esta tierra se practican tantas cocinas diferentes como queramos imaginar– son un gigantesco puente tendido entre Europa, África y América (una América diferente a la que conocemos, porque Brasil se presenta como un continente dentro de otro). Es como una esponja que se ha ido abasteciendo, especialmente, con los aromas de las especias y los condimentos llegados de otras cocinas.

El gusto por el clavo, la insistente presencia del picante –en ocasiones demasiado insistente–, el *piri-piri* o la malagueta impregnan el recetario con un sublime aire de mestizaje, pero lo hacen de una forma contenida y, sobre todo, muy natural. Sin el menor aspaviento. Estamos ante una cocina que siempre ha procurado vivir en terrenos en los que sabe moverse con soltura, entre las sopas más elementales, los guisos más sencillos o los productos menos cotizados.

Pero eso fue hace mucho. A estas alturas del tiempo que nos ha tocado vivir, las viejas piedras sobre las que se asentaba esta cocina se han convertido en auténticos tesoros, cotizadas piezas de una despensa de lujo.

Puede que la anguila no haya llegado a ser un producto de lujo, aunque su cría, la angula, sea un bien tan cotizado como escaso. Lo es, y de forma definitiva, la lamprea, tan abundante como escasamente valorada en otro tiempo. Las leyes de la naturaleza son inexorables y, cuando la contaminación se convierte en una barrera que cierra el paso a la mayoría de las especies, o se multiplican las capturas de un animal que acude a los ríos cumpliendo con el mandato ancestral del apareamiento (las lampreas hacen el viaje de novios antes de la boda), éste deja de reproducirse.

El caso es que, al igual que sucede con la lamprea, el pulpo o la anguila, el bacalao empieza a convertirse en un bien escaso, un producto cada día más cotizado y cada vez menos abundante.

Por ahora, ahí siguen las recetas de siempre dedicadas a la lamprea, en cocinas como la del Minho, donde la encontraremos con arroz, en empanadillas, asada o guisada, aunque también daremos con ella en otras propuestas culinarias. Por ejemplo, preparada a la trasmontana, al estilo de Foz do Dão (en Beira Alta), en sopa (Beira Baixa) y de mil maneras más, generalmente circunscritas a las regiones del norte del país.

En Beira Litoral la anguila (en sopa, en *caldeirada,* en escabeche, asada al estilo de los pescadores...) ocupa el lugar de la lamprea.

Hablábamos de cocinas con gusto por los productos y los guisos más humildes. Para muestra, prueben un cucharón de la sopa fría más emblemática de nuestra cocina y de la del Alentejo: el gazpacho. Aunque tampoco faltará esa obra maestra, preparada con patata y col gallega, que es el caldo verde, o la *açorda,* sopa espesa de pan y ajo, tradicionales del sur de Portugal, o la *canja* (sopa de pollo o gallina), o esa *sopa da pedra* que solo ha visto la piedra en los cientos de leyendas que acompañan su historia, o las sopas secas. Las considero una de las muestras más geniales de la sabiduría que entraña la cocina popular. Y todavía me dejo las sopas de pescado, especialmente la de cazón o la de congrio, la sopa de almejas y cientos de propuestas más.

Un bacalao al día

Hay quien dice que la cocina portuguesa ofrece tantas recetas de bacalao diferentes como días tiene el año. No serán tantas, ni mucho menos, pero sí que podemos contar unas cuantas docenas. Hay quien ha publicado más de un centenar de propuestas centradas en las carnes ceciales de ese pescado, con aire de fósil del pleistoceno, sobre el que el destino ha tejido una especie de sortilegio pasado por agua, que le devuelve la lozanía.

Todo es posible en la cocina del bacalao, cuando esta se instala en tierras portuguesas. Empezando, cómo no, por propuestas tan elementales como las croquetas, los buñuelos o las sopas de ajo, más o menos secas. Es el punto de partida de la procesión con más pasos, cofradías y capillas de la historia de la cocina. Los nombres explican las técnicas culinarias aplicadas en su preparación: cocido, frito, al horno, a la brasa (un tratamiento, por cierto, que ofrece texturas y sabores que se me antojan espectaculares) o *albardado* (rebozado).

Es el comienzo de una letanía, que continúa con una auténtica nómina de acompañantes: chorizo, cebollas, brécol, pan de centeno, tomate, mayonesa, patatas, salsa *podre* o *broa* (pan de maíz). Luego, se desgrana en toponímicos y nombres propios. Daremos con el bacalao fresco de Santarem, el de Setúbal, el preparado al estilo de Oporto, de Lafões, y así, sucesivamente, en un recorrido que nos llevará por todos los rincones del país.

Falta lo más importante: los bacalaos con nombre propio, que ofrecen la inmortalidad al inventor del plato. Puede que la receta más conocida sea la inventada en Oporto por un antiguo comerciante, reciclado en cocinero, llamado

Gomes de Sá (el bacalao se macera en leche y se prepara, desmigado, con patatas y cebollas), aunque hay muchas referencias a tener en cuenta.

Las más humildes aportan sólo el nombre del creador, como sucede con el popular *Bacalhau à Brás* (Blas), originario de Lisboa, o un par de docenas de *Bacalhau* Antonio, o el *Bacalhau à Miquelina,* de Paredes de Coura (Minho), de Paula, de Guida, de Evaristo y, de este modo, uno a uno, van dibujando un recorrido casi completo por el santoral.

Existen referencias mucho más completas, como la receta creada por João do Buraco (Juan el de Buraco, la taberna de la que era propietario), la de Miquelina, la de la Pensión Vaticano, junto a otras que inmortalizan nombre y apellidos completos en la etiqueta del plato, caso de Margarida de Praça o el ya citado Gomes de Sá, en Oporto.

Un país que rinde culto a la cocina no podía dejar pasar la ocasión de reconocer las creaciones más geniales de la cocina, proclamando a los cuatro vientos, en una especie de homenaje eterno, el nombre de su creador.

Cocina marinera

Es posible que sea cuestión de precio, oportunidad o tradición, pero no deja de llamar la atención esa vocación, casi obsesiva, por el bacalao, cuando estamos en un país que goza de un larguísimo litoral, que se asoma a las mejores propuestas que las aguas del Atlántico pueden ofrecer: ostras, langostas, cigalas o almejas, por citar lo más florido del elenco, además de pulpos, calamares, mejillones, caballas, meros, rodaballos, y merluzas entre otras muchas opciones.

¿Por dónde empezar, cuando se trata de aguas que siempre se mostraron generosas? Por la cocina, que es donde los nombres se traducen en aromas y sabores. Y, más concretamente, por las cocinas del sur, donde los recetarios se convierten en una exhibición en la que participan almejas preparadas en ese curioso instrumento de origen árabe llamado *cataplana* o *prusiana, caldeiradas* de langosta, chocos fritos con su tinta, sardinas y pulpo, por citar algunos.

Podemos incluso llegarnos a las zonas cercanas al estuario del Tajo, al encuentro de las ostras de Setúbal, la *caldeirada do fragateiro,* las *caldeiradas* de langosta –y las de diario, más humildes–, la sopa de langosta, la langosta sudada, los salmonetes grelados, la sopa de cigalas, la de ostras, la de almejas, todas ellas y más, resultan una auténtica delicia.

Y faltaría hacer un alto en las islas para acercarnos a la cocina del atún y el pez espada, los dos grandes gigantes del Atlántico.

Entre tanta agua, siempre es bueno no perder de vista la tierra firme, aunque esta cocina gusta de hacer paradas intermedias, como el cerdo en adobo con almejas, las almejas *na cataplana* del Algarve (con jamón y chorizo) o el cerdo con calamares.

Es el preludio de un recetario que tiene su principal fuente de aprovisionamiento en el cerdo, punto de partida tanto de guisos como de embutidos espectaculares. Le siguen de cerca el cordero y el cabrito, protagonistas de espléndidos asados, y el vacuno, que participa en cocidos y en algunas de las recetas más alambicadas, entre las que se dedican a las carnes, como es el caso del *bife à Marrare*.

Ahora bien, también merece la pena recordar los quesos, tan increíbles como el de la Serra da Estrela o los dulces que tienen en el huevo un ingrediente insustituible.

Ignacio Medina

Entradas

Gazpacho del Alentejo

Gaspacho alentejano

Para empezar, veamos una muestra de la cercanía entre algunas cocinas españolas y las cocinas de Portugal. Se trata de este gazpacho del Alentejo, en el que el tomate sirve de base a una sopa fría donde nadan el resto de los ingredientes, pan incluido. No olviden que el pan debe tener uno o dos días y, en este caso, se incorpora al gazpacho en el momento de servirlo.

ingredientes (para 6 personas)

- 500 g de pan de miga
- 8 tomates maduros
- 1 pepino
- 1 pimiento verde
- 2 dientes de ajo
- 1 1/2 l de agua muy fría
- 1/2 cucharada (de café) de orégano
- 3 cucharadas (soperas) de vinagre de vino
- 6 cucharadas (soperas) de aceite de oliva
- Sal

1. Majar los dientes de ajo con un poco de sal y el orégano en un mortero. Añadir los tomates –pelados y sin semillas– y trabajar hasta obtener una pasta fina y uniforme.
2. Incorporar, poco a poco, el aceite y el vinagre, y continuar trabajando hasta ligar bien la mezcla, que debe tener la consistencia de una crema.
3. Pasar a una sopera, añadir el pepino y el pimiento verde –picados finos– e incorporar el agua fría, mientras se mezcla con una varilla para ligar.
4. Rectificar los puntos de aceite, vinagre y sal, agregar el pan –cortado en dados pequeños– y servir inmediatamente.

dificultad	media
preparación	30 minutos
calorías	bajo
coste	económico

El orégano. *Este gazpacho, como la mayoría de los que se preparan en el sur de Portugal, nos llega con el toque distintivo del aroma del orégano, del mismo modo que algunos gazpachos españoles incorporan el comino a su lista de ingredientes.*

Sopa de tomate de las Azores

Sopa de tomate com ovos escalfados

Un plato tradicional de las islas Azores, cuya versión básica lleva tomate, cebolla y, a veces, cilantro, además de los huevos escalfados. Esta variante ilustrada mantiene el carácter del plato. La diferencia se marca en la cebolla confitada, dulce, tierna y aromática. Es un detalle que muestra la importancia de los pequeños detalles en la cocina.

ingredientes (para 6 personas)

- 1 1/2 kg de tomates maduros
- 6 huevos
- 2 cebollas
- 2 patatas
- 1 diente de ajo
- 3 rebanadas de pan
- 1 1/2 l de caldo de verduras
- 1 cucharada (sopera) de cilantro picado
- Aceite de oliva
- Sal

dificultad	media
preparación	1 hora
calorías	bajo
coste	económico

1 Caramelizar a fuego muy lento las cebollas –en tiras muy finas– y el diente de ajo –muy picado– con 3 cucharadas soperas de aceite, removiendo constantemente (al menos 30 minutos).

2 Añadir las patatas –peladas y en láminas muy finas–, los tomates –pelados, sin semillas y en trozos–, el caldo de verduras y sal. Mezclar, llevar a ebullición, a fuego lento, tapar y hervir 20 minutos. Pasar por la batidora, ajustar de sal, dar el último hervor y reservar caliente.

3 Cortar 6 hojas de papel film. Untar el centro de una con un poco de aceite y abrir un huevo encima. Cerrar la hoja en torno al huevo, anudar y cocer en una cazuela, con agua hirviendo, durante 2 o 2 1/2 minutos. Retirar, dar un corte en el plástico y sacar el huevo. Repetir hasta obtener 6 huevos escalfados.

4 Freír las rebanadas de pan –en daditos– en abundante aceite de oliva, muy caliente, escurrir sobre un papel absorbente y distribuir en los platos. Añadir un huevo escalfado en cada uno, servir la sopa y espolvorear con cilantro picado.

Sopa verde

Caldo verde

La cocina de la región del Minho proporciona referencias inolvidables. El caldo verde es el caso más emblemático. Esta antiquísima receta, a pesar de su origen campesino y de la humildad de sus ingredientes –patata, col gallega y un par de rodajas de chorizo–, se ha convertido en uno de los guisos más representativos de la cocina portuguesa.

ingredientes (para 6 personas)

- 6 patatas grandes
- 1 cebolla grande
- 1 col
- 12 rodajas de chorizo
- 6 rebanadas grandes de pan de maíz
- 2 cucharadas (soperas) de aceite de oliva virgen extra
- Pimienta negra y sal

dificultad	baja
preparación	45 minutos
calorías	medio
coste	económico

1 Poner al fuego una cazuela con abundante agua y sal. Llevar a ebullición y añadir las patatas –peladas, lavadas y cortadas en 4– y la cebolla –pelada y entera–. Llevar a ebullición, tapar, bajar el fuego y cocer 25 minutos.

2 Escurrir las patatas y la cebolla, reservando el caldo de la cocción en la cazuela. Pasarlas por la trituradora, hasta obtener un puré consistente y homogéneo.

3 Devolver el puré a la cazuela, remover hasta disolverlo en el caldo y llevar a ebullición. Incorporar la col –lavada, escurrida y cortada en tiras muy finas–, recuperar el hervor, tapar y cocer 10 minutos más.

4 Ajustar el punto de sal, agregar las rodajas de chorizo y el aceite de oliva, dar un toque de pimienta y mantener 1 minuto más al fuego.

5 Colocar 1 rebanada de pan de maíz en cada plato y servir la sopa sobre ella.

Sin chorizo. *La presencia de las rodajas de chorizo no es obligatoria (de hecho, casi nada es obligatorio o imprescindible en la cocina), de manera que se puede prescindir de ellas cuando se quiera.*

Arroz con pulpo

Arroz de polvo

El pulpo es una pieza cotizada en las regiones del norte, como Minho o Beira Litoral. De ahí viene este arroz caldoso, tan sabroso y auténtico como toda la cocina marinera de una zona que se hace fuerte en torno al pulpo, la anguila o la lamprea. En los tres casos, el recetario incluye empanadas, guisos, arroces, *caldeiradas* o sopas.

ingredientes (para 6 personas)

- 750 g de pulpo
- 600 g de arroz
- 300 g de tomates maduros
- 1 cebolla mediana
- 1 pimiento verde
- 3 dientes de ajo
- 20 cl de vino tinto
- 4 cucharadas (soperas) de aceite de oliva
- Pimienta negra y sal

dificultad	media
preparación	1 hora
calorías	medio
coste	medio

1 Lavar el pulpo, escurrirlo, golpearlo 10 o 15 minutos. Pasarlo a una cazuela con abundante agua hirviendo y sal. Sacar en cuanto vuelva a hervir, esperar 1 minuto, devolverlo a la cazuela, esperar a que hierva el agua y retirarlo. Repetir 4 o 5 veces antes de tapar la cazuela y cocer entre 20 y 30 minutos (probar su tersura clavando una varilla metálica). Escurrir, cortar en rodajas y reservar pulpo y caldo por separado.

2 Saltear la cebolla, el pimiento verde y los dientes de ajo –picados muy finos– en una cazuela con el aceite de oliva, hasta que empiecen a transparentar. Añadir los tomates –pelados, sin semillas y picados finos–, sazonar, mezclar y dejar 15 minutos, a fuego lento.

3 Unir el pulpo y el vino tinto, dar un toque de pimienta y cocer 10 minutos. Unir 3 medidas del caldo del pulpo por cada medida de arroz.

4 Llevar a ebullición, añadir el arroz, tapar la cazuela, bajar el fuego y cocer unos 17 minutos, ajustando de sal a mitad de la cocción. Servir inmediatamente.

Vino tinto. *Este arroz con pulpo comparte uno de los ingredientes que anima el recetario de la lamprea y, en algunos casos, el de la anguila: el vino tinto, que aporta su generosidad al sabor y al color del guiso. Se recomienda utilizar un vino que tenga algo de crianza en barrica.*

Ensalada de judías

Salada de feijão

Un plato de judías secas de la región de Trás Os Montes. Se prepara con judías de careta; variedad que, en España, se conoce también como judías de la Virgen, debido a una pequeña mancha, en el interior de la semilla, que algunos identifican con una imagen religiosa. Se puede preparar con otro tipo de judía, pero siempre ajustando la cocción para mantenerlas enteras.

ingredientes (para 6 personas)

- 300 g de judías de careta
- 500 g de repollo
- 300 g de grelos
- 3 cucharadas (soperas) de vinagre de vino tinto
- 6 cucharadas (soperas) de aceite de oliva virgen extra
- Pimienta negra
- Sal

dificultad	baja
preparación	1 hora
calorías	bajo
coste	económico

1 Poner las judías en remojo, durante toda la noche. Enjuagar, escurrir y pasar a una cazuela cubiertas con abundante agua fría. Tapar, llevar a ebullición, a fuego lento, y dejar cocer hasta que estén tiernas y enteras (por lo menos 1 hora).

2 Retirar la cazuela, sazonar ligeramente y dejar que pierdan temperatura antes de escurrir. Reservar las judías y poner el caldo de la cocción al fuego.

3 En cuanto hierva, incorporar el repollo –lavado y en tiras– y los grelos –limpios, lavados y en trozos medianos–, sazonar ligeramente, tapar y cocer 20 minutos, a fuego lento.

4 Agregar las judías al guiso, mover la cazuela para mezclar los ingredientes (si se utiliza una cuchara, se romperán las judías), ajustar el punto de sal, esperar a recuperar el hervor y apagar.

5 Escurrir, disponer sobre una fuente, aderezar con aceite de oliva virgen extra y vinagre de vino, dar un toque de pimienta negra recién molida y llevar a la mesa.

Migas con verduras

Migas da Lousã

Las cocineras de Lousã, en Beira Litoral, crearon estas migas de *broa*, un pan casero de maíz. La receta incluye su preparación, pero se puede usar otro pan de maíz tradicional. Las migas no pasan por la sartén: se trabajan para reducirlas al mínimo y se echan a la cazuela con las judías blancas y los grelos. Se acompañan con chorizo o *farinheira* asados.

ingredientes (para 6 personas)

- 350 g de judías blancas
- 400 g de grelos
- 3 dientes de ajo
- 10 cl de aceite de oliva
- Sal

Para la *broa*

- 350 g de harina de trigo
- 200 g de harina de maíz
- 20 g de levadura de cerveza
- 10 cl de leche
- 3 cucharadas (soperas) de aceite de oliva
- Sal

dificultad	alta
preparación	1 hora
calorías	medio
coste	económico

1 Mezclar las harinas, abrir un hueco arriba y añadir un poco de sal, la levadura –disuelta en un poco de agua templada– y 1/4 de la leche. Trabajar agregando el resto de la leche y el agua necesaria para formar una bola compacta y uniforme. Untar con aceite, cubrir con un paño y dejar 1 hora, en un rincón templado, hasta que doble su volumen.

2 Espolvorear con harina la encimera y trabajar la masa con las manos unos minutos. Formar una torta de 4 centímetros de altura, colocar en la bandeja del horno, engrasada, tapar, dejar fermentar 4 horas más y hornear 35 minutos, en el horno precalentado a 200° C. Se obtendrá un pan. Dejar reposar 2 días y cortarlo en lascas finas. Extender sobre una bandeja, humedecer con agua y trabajar con una espátula hasta picarlas muy finas.

3 Cocer las judías blancas, en agua con sal hasta que estén tiernas. Reservar en el caldo. Cocer los grelos en agua con sal, hasta que estén tiernos, escurrirlos y cortar en trozos. Disponer las judías, sin escurrir del todo, en el fondo de una fuente honda, cubrir con las migas y acabar con los grelos. Dorar los ajos en aceite de oliva y, con ello, aderezar las migas

Sopa seca de judías verdes

Feijão verde à alentejana

La geografía de las sopas secas se extiende desde el Minho, hasta el Alentejo. En este plato se aplica una doble técnica a medio camino entre cocción y fritura, que proporciona judías tiernas y crujientes. Se sirve en plato sopero, sobre una rebanada de pan que se hincha con el jugo de las verduras. En algunas zonas se acompaña con un trozo de queso.

ingredientes (para 6 personas)

- 700 g de judías verdes
- 200 g de pan de hogaza reposado
- 4 tomates maduros
- 3 patatas
- 1 zanahoria
- 1 cebolla
- 1 diente de ajo
- 1 ramillete de hierbas aromáticas
- 10 g de manteca de cerdo
- 2 cucharadas (soperas) de aceite de oliva
- Pimienta negra y sal

dificultad	media
preparación	45 minutos
calorías	bajo
coste	económico

1 Saltear, a fuego lento, la cebolla y el diente de ajo –todo picado muy fino– en una cazuela de barro con manteca fundida y 2 cucharadas de aceite de oliva, hasta que la cebolla esté transparente. Añadir los tomates –pelados, sin semillas y en cuartos–, saltear 3 minutos, aplastando con un tenedor. Añadir 1/3 vaso de agua y el ramillete de hierbas aromáticas. Dejar 10 minutos, a fuego suave.

2 Unir la zanahoria –pelada y en rodajas finas–, mezclar y cocer 5 minutos. Añadir las judías verdes –lavadas, sin hebras y cortadas por la mitad– y las patatas –peladas y en dados–. Salpimentar, mezclar y añadir 1/2 vaso de agua caliente.

3 Tapar la cazuela y cocer, a fuego lento, añadiendo agua –nunca más de 1/2 vaso– conforme el guiso se quede seco, entre 15 y 20 minutos (las verduras deben quedar enteras), ajustar de sal, extraer el ramillete de hierbas, dar el último hervor y retirar del fuego. Cubrir una fuente honda con el pan –en rebanadas finas–, disponer el guiso encima, reposar 5 minutos y servir.

Patatas a la cazuela
Batatas de caçoila

Entramos en los secretos de la Beira Alta, cuyo recetario ofrece sobradas muestras del ingenio de la cocina popular en su secular lucha contra la pobreza. Unas patatas preparadas con lo que hay a mano se convierten en una obra maestra. Estas sencillas patatas con tomate nacieron como plato único y se han convertido en guarnición de carnes y pescados.

ingredientes (para 6 personas)

- 9 patatas medianas
- 6 tomates maduros
- 1 cebolla grande
- 2 dientes de ajo
- 1 cucharada (de postre) de tomillo
- 3 cucharadas (soperas) de aceite de oliva
- Pimienta negra y sal

dificultad	baja
preparación	55 minutos
calorías	medio
coste	económico

1 Cocer las patatas –lavadas y sin pelar– durante 15 minutos en abundante agua hirviendo. Escurrir, pelar, cortar en dados medianos y reservar.

2 Sofreír, a fuego lento, la cebolla –picada mediana– y los dientes de ajo –picados finos– en una cazuela de barro con 3 cucharadas de aceite de oliva, removiendo hasta que la cebolla esté tierna y se vuelva transparente.

3 Incorporar los tomates –pelados sin semillas y cortados en trozos–, condimentar con sal y pimienta y cocer 15 minutos, a fuego lento.

4 Añadir las patatas, mezclar y mantener, a fuego lento –sin volver a remover con la cuchara–, hasta que empiecen a deshacerse. Retirar del fuego, espolvorear con el tomillo picado y servir.

Nuevas o viejas. *Cuando buscamos una patata capaz de deshacerse con la cocción, tenemos que recurrir a las patatas viejas. Si, por el contrario, queremos que el tubérculo aguante entero una cocción prolongada, habrá que recurrir a las patatas nuevas.*

Sopa de la piedra

Sopa de pedra

Uno de esos guisos que han ido cambiando a lo largo de los tiempos. Las versiones más elementales y antiguas se preparaban apenas con verduras y algo de manteca de cerdo. Poco a poco, llegaron carnes y embutidos, hasta convertirlo en un guiso serio, de sabores contundentes, y del que encontraremos versiones tanto en Ribatejo, como en otras regiones.

ingredientes (para 6 personas)

- 300 g de judías pintas
- 200 g de repollo
- 150 g de tocino ahumado
- 100 g de chorizo
- 1 oreja de cerdo
- 1 *farinheira*
- 4 patatas
- 1 rama de apio
- 1 zanahoria
- 1 cebolla y 1 diente de ajo
- 1 hoja de laurel
- 1 cucharada (sopera) de cilantro
- Sal

dificultad	media
preparación	2 horas
calorías	alto
coste	medio

1 Poner las judías en remojo la noche anterior, enjuagar, escurrir y pasar a una cazuela grande. Añadir las carnes, los embutidos, la cebolla –picada gruesa–, el diente de ajo –pelado y entero– y la hoja de laurel. Cubrir con agua fría, sazonar ligeramente y poner a fuego lento.

2 Llevar a ebullición mientras se espuma el guiso, tapar y dejar cocer, por lo menos durante 1 hora, retirando las piezas de carne o embutido cuando vayan estando tiernas.

3 Incorporar las patatas –peladas y enteras–, la zanahoria –pelada y cortada en dados–, la rama de apio –limpia y picada–, el repollo –lavado y cortado en tiras finas– y el cilantro. Mantener la cocción hasta que las judías estén tiernas.

4 Pasar a una sopera y servir, junto a las carnes –cortadas en trozos y dispuestas en fuente aparte.

Según la tradición. *Se cuenta que esta sopa se presenta con un canto rodado del río, bien lavado, en el fondo de la sopera, aunque no he conseguido una explicación verosímil.*

Pescados

Almejas en *cataplana*

Amêijoas na cataplana

Veremos en el capítulo de las carnes que la combinación de carne, pescado y marisco es moneda corriente en algunas cocinas regionales. Estas almejas con jamón y chorizo tienen un parentesco con el cerdo con almejas. La *cataplana* es una cazuela antigua, casi esférica, utilizada para preparar algunos guisos de pescado como este, típico del Algarve.

ingredientes (para 6 personas)

- 1 1/2 kg de almejas
- 150 g de jamón curado
- 100 g de chorizo
- 2 cebollas medianas
- 1 guindilla malagueta
- 70 g de manteca de cerdo
- 15 cl de vino blanco
- 1 cucharada (sopera) de harina
- 1 cucharada (sopera) de pimentón dulce
- Pimienta negra
- Sal

dificultad	media
preparación	40 minutos
calorías	medio
coste	elevado

1 Fundir la manteca de cerdo en una *cataplana* (o en una cazuela ancha y baja o, también, en una sartén honda con tapa) y saltear, a fuego lento, la cebolla –picada fina–, con la malagueta –sin semillas–, hasta que la cebolla esté completamente transparente.

2 Mezclar la harina, el pimentón, un toque generoso de pimienta y un pellizco de sal fina. Reservar.

3 Añadir el chorizo y el jamón –picados finos– a la cebolla, saltear 2 o 3 minutos, removiendo constantemente, antes de unir el vino blanco. Llevar a ebullición y cocer 15 minutos, a fuego lento.

4 Desleír la mezcla de harina y especias en un poco de agua fría y agregar al guiso, removiendo, constantemente, hasta ligar la salsa.

5 Incorporar las almejas, tapar y cocer 5 minutos antes de servir.

Malagueta picante. *Dicen que la guindilla malagueta es la especia más picante de cuantas se conocen y que cuanto más pequeña, más picante.*

Caldereta de sardinas

Caldeirada de sardinha

La sardina es el eje de muchas fiestas populares, que culminan con la fiesta de Portimao (Algarve), la segunda quincena de agosto. Protagonizan las tradicionales *sardinhadas* a la brasa, la *bola de sardinha* (pan de maíz que contiene una sardina) de Bragança o esta *caldeirada*, cuyo origen se adjudica a los pescadores de la desembocadura del Tajo.

ingredientes (para 6 personas)

- 1 kg de sardinas pequeñas
- 500 g de tomates
- 500 g de cebollas
- 500 g de patatas
- 2 dientes de ajo
- 1 rama de apio
- 1 hoja de laurel
- 1 1/2 cucharadas (soperas) de pimentón dulce
- 10 cl de aceite de oliva
- Sal

dificultad	media
preparación	1 h 5 m
calorías	alto
coste	económico

1 Limpiar, escamar, eviscerar y lavar las sardinas. Escurrir, sazonar con sal gorda y reservar.

2 Cubrir el fondo de una cazuela de barro con las cebollas –en láminas finas– y condimentar con sal y pimentón dulce. Colocar sobre ellas las patatas –en rodajas finas–, condimentar y cubrir con los tomates –cortados y condimentados del mismo modo.

3 Repartir los dientes de ajo –cortados en láminas– y la rama de apio –muy picada– sobre el tomate, rociar con el aceite de oliva y añadir la hoja de laurel.

4 Poner la cazuela, a fuego lento, tapar y cocer 40 minutos, moviéndola de vez en cuando para evitar que se pegue el guiso.

5 Retirar la hoja de laurel, distribuir las sardinas sobre el tomate, tapar y seguir cociendo otros 10 minutos.

Con pan. *Este plato se suele servir colocando una rebanada de pan de hogaza en el fondo del plato y cubriéndola con el guiso.*

Atún con tomate

Atum com tomate

En Madeira, las Azores, el Algarve y, en general, las regiones costeras, el atún tiene gran presencia, con muestras como este plato del Algarve. Se hace con el atún en rodajas, pero queda seco. Es mejor quitar la piel y la espina de la rodaja, separar los lomos y cortarlos (transversalmente, no de arriba abajo) en filetes de 1 1/2 o 2 centímetros.

ingredientes (para 6 personas)

- 1.200 g de atún en un trozo
- 6 tomates maduros
- 1 cebolla grande
- 3 dientes de ajo
- 1 clavo de especia molido
- 2 cucharadas (soperas) de manteca de cerdo
- Aceite de oliva
- Pimienta negra y sal

dificultad	baja
preparación	55 minutos
calorías	medio
coste	medio

1 Engrasar una cazuela de barro con 2 cucharadas de aceite de oliva y saltear, a fuego lento, la cebolla y los dientes de ajo, removiendo con frecuencia, hasta que la cebolla esté muy tierna (unos 15 minutos).

2 Añadir los tomates –pelados, sin semillas y cortados en rodajas–. Condimentar con pimienta negra y sal. Tapar y mantener 20 minutos más, a fuego lento.

3 Retirar la mitad del tomate. Colocar los lomos de atún untados con manteca de cerdo, condimentar con el clavo molido, pimienta y sal, y cubrir con el tomate que habíamos retirado.

4 Cocer a fuego lento, con la cazuela destapada, durante otros 10 o 12 minutos (según el punto preferido), pasar a una fuente y servir.

Lomos y rodajas. *Solo hay dos diferencias entre una rodaja y un lomo del mismo pescado, pero son más que suficientes: el lomo es más fácil de comer –llega sin espinas– y la carne queda más jugosa, porque el corte sigue el sentido de la fibra de la carne.*

Caldereta de pescados

Caldeirada à fragateiro

Se trata de un plato típico de la cocina de Ribatejo. El nombre delata un plato nacido en los fogones de las fragatas, que recalaban en sus puertos. Como muchos otros guisos practicados en alta mar, era un plato de recurso, en el que se empeñaban los pescados más humildes. Es más que posible que el pan cumpliera el papel que hoy se le adjudica a la patata.

ingredientes (para 6 personas)

- 2 kg de pescados de roca
- 500 g de tomates maduros
- 500 g de patatas
- 2 cebollas
- 1 pimiento verde
- 1/2 guindilla
- 1 1/2 l de caldo de pescado
- 15 cl de vino blanco seco
- 1 cucharada (sopera) de perejil
- 10 cl de aceite de oliva
- Pimienta negra y sal

dificultad	alta
preparación	1 h 50 m
calorías	medio
coste	elevado

1 Limpiar los pescados, separar los lomos, cortarlos –en trozos medianos– y reservarlos. Preparar un caldo, cociendo las cabezas y las espinas, durante 1 hora, en una cazuela con 2 1/2 litros de agua.

2 Saltear muy lentamente las cebollas –picadas muy finas– en una cazuela con 3 cucharadas de aceite de oliva, removiendo constantemente para prolongar la cocción todo lo que sea posible, sin que la cebolla llegue a dorarse (por lo menos 30 minutos).

3 Incorporar el pimiento –sin semillas y picado muy fino–, el perejil y los tomates –pelados, sin semillas y picados muy finos–, salpimentar y continuar rehogando, a fuego lento, 30 minutos, removiendo constantemente.

4 Remojar con el caldo y el vino, llevar a ebullición y unir 1/2 guindilla y las patatas –peladas y en rodajas de 1 centímetro de grosor–, sazonar, tapar y cocer 30 minutos.

5 Incorporar los pescados, ajustar de sal, tapar y cocer 10 minutos antes de servir.

Cambios. *Muchas recetas tradicionales insisten en que este guiso se prepara guisando todos los ingredientes al tiempo, pero eso supondría darle a los pescados cocciones cercanas a los 50 minutos, lo que resulta poco aconsejable. Preparada de esta forma, la* caldeirada *potencia sus sabores y conserva la textura del pescado cocido, en su justa medida.*

Pez espada en escabeche

Peixe espada com molho de escabeche

El pez espada es la gran estrella de la cocina de Madeira. Es un pez espada diferente, llamado pez espada *preto,* sin el aguijón característico de esta especie, que vive a 1.000 metros de profundidad. Entre las recetas destaca esta, en la que el escabeche es un condimento añadido al servir, sin maceraciones que acabarían con el sabor del pescado.

ingredientes (para 6 personas)

- 6 filetes de pez espada de 200 g
- 3 cebollas
- 1 diente de ajo
- 1 hoja de laurel
- 3 cucharadas (soperas) de zumo de limón
- 2 cucharadas (soperas) de perejil picado
- 8 cucharadas (soperas) de aceite de oliva
- Pimienta negra y sal

dificultad	media
preparación	55 minutos
calorías	medio
coste	elevado

1 Saltear, a fuego lento, las cebollas –cortadas en tiras muy finas–, el diente de ajo –partido en láminas–, el perejil –picado fino– y la hoja de laurel en una sartén con 7 cucharadas de aceite de oliva, removiendo, constantemente, hasta que la cebolla se vuelva transparente (entre 5 y 10 minutos). Añadir el zumo de limón y mantener el hervor 5 minutos más. Reservar el escabeche.

2 Engrasar una sartén grande con 1 cucharada de aceite de oliva y freír, a fuego medio, 2 filetes de pez espada –previamente salpimentados–, entre 3 y 5 minutos por cada lado (según el grosor y el punto deseado). Pasar a una fuente amplia y preparar, de igual modo, el resto de los filetes.

3 Retirar la hoja de laurel del escabeche, regar con él los filetes de pez espada y servir inmediatamente.

Limón por vinagre. *Hemos sustituido el vinagre que tradicionalmente se emplea en este plato, por la misma cantidad de zumo de limón, con el fin de restar agresividad al escabeche y mantener vivo el sabor del pez espada.*

Sopa de ajo con cigalas

Açorda de camarão

Los portugueses llaman *açorda* a unas sopas espesas, monumentos culinarios al pan. De hecho es lo que, en algunas zonas de España, llaman sopas de ajo o sopas de pan trabadas. La miga y el caldo se convierten en una papilla suave y untuosa reforzada con unas yemas de huevo. Entre la multitud de variantes, hemos elegido una suculenta propuesta de cigalas.

ingredientes (para 6 personas)

- 1 1/2 kg de cigalas
- 6 rebanadas de pan del día anterior
- 4 dientes de ajo
- 3 yemas de huevo
- 1/2 cucharada (de café) de pimentón picante
- 4 cucharadas (soperas) de aceite de oliva
- Pimienta negra y sal

dificultad	media
preparación	1 h 30 m
calorías	medio
coste	elevado

1 Pelar las cigalas, reservar las colas y cocer las cabezas, los caparazones y las pinzas –cortadas por la mitad–, durante 1 hora, en una cazuela con 2 litros de agua. Pasar el caldo por un chino y reservar en una cazuela.

2 Dorar los dientes de ajo –cortados en trozos– en una cazuela con 4 cucharadas de aceite de oliva. Añadir el pan –en trozos y sin corteza–, rehogar 1 minuto y unir el caldo.

3 Llevar, lentamente, a ebullición y cocer 15 o 20 minutos, removiendo con energía hasta disolver el pan en el caldo, obteniendo una papilla suave y ligera. Condimentar con pimentón, un toque de pimienta y sal.

4 Añadir las yemas de huevo, disueltas en un poco de agua fría, removiendo sin parar para evitar que cuajen. Incorporar las colas de las cigalas y cocer, 3 o 4 minutos, antes de servir.

Cigala pequeña. *Lo mejor para este plato es la cigala pequeña, que debemos cocer, en apenas un minuto, si queremos dejarla tierna y sabrosa.*

Calamares rellenos

Lulas cheias

Es una forma de rellenar los calamares que conocemos de toda la vida, con una farsa de verduras, los tentáculos del calamar, jamón y longaniza fresca. Son fórmulas que los puristas de la cocina anatematizan de vez en cuando, pero tiene ese sabor especial que distingue a los platos caseros que todos llevamos prendidos en un rincón de la memoria.

ingredientes (para 6 personas)

- 1 1/2 kg de calamares medianos
- 600 g de tomates maduros
- 150 g de jamón serrano
- 100 g de longaniza blanca
- 2 cebollas
- 3 dientes de ajo
- 1 cucharada (sopera) de perejil
- 15 cl de aceite de oliva
- Pimienta negra y sal

dificultad	alta
preparación	1 h 40 m
calorías	medio
coste	intermedio

1 Limpiar los calamares, separar los tentáculos, retirar el estómago y lavar el interior. Dejar el cuerpo entero y con piel. Trocear los tentáculos y mezclar con el jamón y la longaniza –muy picados–. Calentar la mitad del aceite. Saltear, a fuego suave, 1 cebolla y 2 dientes de ajo –todo cortado muy fino– hasta que se doren. Añadir 1 cucharada de perejil picado, la mitad de los tomates –pelados, sin semillas y troceados pequeños–, sazonar y cocer 15 minutos, a fuego lento, removiendo con frecuencia. Incorporar la primera mezcla de calamares y jamón y dejar 10 minutos, en el fuego, sin dejar de remover.

2 Rellenar con esta segunda combinación los calamares (hasta algo más de la mitad) y cerrar con un palillo.

3 Saltear la otra cebolla y 1 diente de ajo en otra cazuela, con el resto del aceite de oliva, hasta que se vuelvan transparentes. Añadir los tomates restantes –pelados, sin semillas y picados gruesos–, sazonar con sal y pimienta negra y cocer 10 minutos. Incorporar los calamares, rociar con el relleno sobrante, tapar y cocer, a fuego muy lento, 35 minutos o hasta que estén tiernos.

La piel del calamar. *La última disputa que entretiene a los aficionados a la cocina del pescado está protagonizada por la piel del calamar, que, tradicionalmente, hemos eliminado al limpiarlo y que, ahora, nos recomiendan dejar en su sitio. Aporta sabor, gelatina y color a la salsa.*

Bacalao

Buñuelos de bacalao

Pataniscas de bacalhau

Una preparación básica para acercarnos a la cocina del bacalao, producto humilde –camino de ser de lujo– que ha levantado pasiones en la cocina portuguesa. La fórmula del buñuelo servirá para elaborar pasteles con más entidad, al estilo de nuestros soldaditos de Pavía. Basta con cortar el bacalao en tiras y pasarlas por la masa antes de freírlos.

ingredientes (para 6 personas)

- 600 g de bacalao seco
- 115 g de harina
- 1 cebolla
- 1 huevo
- 1 limón
- 15 cl de leche
- 4 cucharadas (soperas) de perejil
- Aceite de oliva
- Pimienta negra y sal

dificultad	alta
preparación	3 h 45 m
calorías	alto
coste	medio

1 Escurrir el bacalao, quitar la piel y las espinas y cortarlo –en trozos medianos–. Marinar 3 horas en una mezcla, preparada con la leche y el zumo de 1 limón, dándole la vuelta 2 o 3 veces. Escurrir, desmenuzar y reservar.

2 Preparar la masa, mezclando la harina con el huevo –entero y sin batir–, 1 cucharada de aceite de oliva, un toque de sal y otro de pimienta. Remover con energía hasta conseguir una mezcla compacta. Añadir agua, poco a poco, hasta que la masa sea densa y homogénea.

3 Incorporar la cebolla y el perejil –todo picado fino–, mezclar y unir el bacalao desmigado. Volver a mezclar y dejar reposar 20 minutos.

4 Calentar abundante aceite de oliva hasta que empiece a humear. Añadir la mezcla, cucharada a cucharada, friendo 4 o 5 buñuelos cada vez (para que no baje la temperatura del aceite), hasta que estén bien dorados. Escurrir sobre una hoja de papel absorbente, pasar a una fuente y servir cuanto antes.

El desalado. *Se lleva a cabo manteniendo el bacalao, cortado en trozos, en remojo, al menos 24 horas, en un recipiente con abundante agua fría, que se cambiará tres o cuatro veces. El tiempo de desalado depende de la temperatura a la que se exponga el recipiente. Cuanto más alta sea, más rápido tiene lugar. Es importante desarrollar el proceso donde se mantiene la misma temperatura, a saber, el frigorífico.*

Bacalao a lo Blas

Bacalhau à Brás

Para algunos es un plato de Estremadura, mientras que otros lo presentan como un plato de origen lisboeta, la capital de la región. La cuestión tiene su aquel, porque Lisboa y Setúbal encabezan los dos distritos en que se divide Estremadura. En cualquier caso, todo indica que esta popular receta se debe a un antiguo tabernero del Barrio Alto de Lisboa, llamado Blas.

ingredientes (para 6 personas)

- 900 g de bacalao
- 600 g de patatas
- 2 cebollas grandes
- 8 huevos
- 3 dientes de ajo
- 18 aceitunas negras
- 4 cucharadas (soperas) de perejil picado
- 75 g de mantequilla
- Aceite de oliva
- Pimienta negra y sal

dificultad	alta
preparación	50 minutos
calorías	alto
coste	elevado

1 Desalar (*véase* pág. 32), escurrir, limpiar de espinas y cortar el bacalao en lomos. Pasar a una cazuela, cubrir con agua fría, llevar a ebullición y escaldar 2 minutos. Retirar del fuego, dejar 5 minutos en el agua caliente, escurrir y separar en láminas.

2 Freír las patatas –cortadas en tiras tamaño cerillas– en abundante aceite de oliva, a temperatura media, hasta que queden doradas pero no crujientes. Escurrir sobre papel y reservar. Saltear las cebollas –en tiras muy finas– y los dientes de ajo –muy picados– en una cazuela con la mantequilla y 3 cucharadas soperas de aceite, a fuego muy lento, sin dejar de remover y sin que lleguen a dorarse (unos 20 minutos).

3 Incorporar el bacalao, mantener 4 minutos al fuego, agitando de vez en cuando la cazuela, añadir las patatas, ajustar de sal, dar un toque de pimienta y unir los huevos –previamente batidos– removiendo hasta que la combinación quede suelta y jugosa.

4 Espolvorear con perejil picado, decorar con las aceitunas negras y servir.

Bacalao a la brasa con patatas

Bacalhau assado com batatas a murro

El plato admite variantes pero con tres principios: el bacalao se asa hasta tostarlo, se adereza con ajo, pimienta y aceite y a las patatas se les da un golpe con la mano (un *murro*). A partir de ahí, unos desmigan el bacalao, otros lo dejan entero, otros incorporan cebolla cruda o pimientos asados. Hemos cambiado el *murro* por un corte en la patata.

ingredientes (para 6 personas)

- 1.200 g de bacalao
- 18 patatas pequeñas
- 7 dientes de ajo
- 20 cl de aceite de oliva
- Pimienta negra
- Sal gorda

dificultad	media
preparación	1 hora
calorías	medio
coste	elevado

1 Desalar (*véase* pág. 32), escurrir, limpiar de espinas, quitar la piel y cortar el bacalao en lomos del mismo tamaño.

2 Asar las patatas –enteras, sin pelar, bien lavadas y cubiertas de sal gorda– en el horno precalentado a 200° C. Sacar del horno cuando estén tiernas (al menos 40 minutos, según la patata y el tamaño), dar un corte a lo largo, sin llegar a partirlas. Aderezar con más sal gorda y pasar de nuevo al horno hasta que estén bien hechas.

3 Calentar el aceite de oliva, en una cazuela de barro, con los dientes de ajo –en láminas– y un toque de pimienta a medio moler. Retirar del fuego en cuanto el aceite empiece a hervir, sin quemar el ajo.

4 Preparar una brasa de carbón (o poner una placa metálica al fuego) y asar el bacalao 4 minutos por cada lado (debe quedar tostado).

5 Colocar las tajadas de bacalao en una fuente, rodeadas por las patatas, aderezar con parte del aceite, las láminas de ajo y la pimienta y servir.

El *murro*. *Si prefiere prescindir del cuchillo y abrir las patatas* a murro, *deles un golpe seco, ni demasiado fuerte, ni demasiado flojo, con la palma de la mano. La clave está en calibrar la fuerza del golpe, para que no se aplasten. Hace falta, previamente, chafar algunas patatas para coger el punto.*

Bacalao al estilo de Gomes de Sá

Bacalhau à Gomes de Sá

Ya hemos visto el bacalao a lo Blas. Hay decenas de bacalaos con nombre: João de Buraco, Margarida da Praça, Zé de Calçada, Salazar, entre otros. Este plato fue creado por Gomes de Sá, comerciante instalado en Oporto, a finales del XIX, cocinero en el restaurante Lisbonense, añadiendo leche a los ingredientes con los que hacía unos célebres *bolinhos* de bacalao.

ingredientes (para 6 personas)

- 900 g de bacalao
- 900 g de patatas
- 100 g de aceitunas negras deshuesadas
- 2 cebollas
- 3 dientes de ajo
- 4 huevos cocidos
- 37 cl de leche
- 15 cl de aceite de oliva
- Pimienta negra y sal

dificultad	media
preparación	3 h 10 m
calorías	medio
coste	elevado

1 Desalar (*véase* pág. 32), escurrir, limpiar de espinas, retirar la piel y cortar el bacalao en lomos. Pasar a una fuente, cubrir con agua hirviendo, tapar y dejar reposar 30 minutos. Escurrir. Pasar a un recipiente hondo, cubrir con la leche –muy caliente–, tapar y dejar reposar otras 2 horas.

2 Calentar el aceite en una sartén honda y ancha y saltear la cebolla –cortada en tiras muy finas– y los dientes de ajo –cortados en láminas–, a fuego lento, y sin dejar de remover hasta que la cebolla empiece a dorarse.

3 Añadir las patatas –cocidas con piel, peladas y cortadas en rodajas–, el bacalao –bien escurrido–, un toque de pimienta negra y sal (si fuera preciso). Rehogar, a fuego lento, unos minutos, removiendo una sola vez, con cuidado para no romper las patatas.

4 Pasar a una fuente de horno y asar 15 minutos, con el horno precalentado a 220° C. Retirar del horno, decorar con los huevos cocidos cortados en rodajas y las aceitunas y servir inmediatamente.

Sin leche. *El bacalao va a estar dos horas en un baño de leche caliente, pero debe llegar bien escurrido a la sartén. Lo dejaremos 5 o 10 minutos en un colador para que pierda la leche.*

Bacalao al estilo de Setúbal

Bacalhau de Setubal

El bacalao ha calado tan hondo en los hábitos de los portugueses que ni siquiera remite en zonas costeras como Setúbal, donde ostras, salmonetes o langostas podrían tener denominación de origen. Fruto de tamaño fervor es esta propuesta que, de una combinación frecuente –bacalao, patata, ajo y tomate–, logra un sorprendente cruce de sabores.

ingredientes (para 6 personas)

- 1 kg de bacalao
- 800 g de patatas
- 6 tomates muy maduros
- 3 dientes de ajo
- 1 hoja de laurel
- 1 rama de perejil
- 1/2 cucharada (de café) de romero
- 1 cucharada (de café) de cilantro
- 2 cucharadas (soperas) de miel
- 8 cl de aceite de oliva
- Pimienta negra y sal

dificultad	medio
preparación	1 h 10 m
calorías	medio
coste	elevado

1 Desalar (*véase* pág. 32), escurrir, limpiar de espinas y cortar el bacalao en lomos. Pasar a una cazuela, añadir el laurel, cubrir con agua fría y llevar a ebullición. Espumar y cocer 10 minutos, a fuego lento y destapado. Escurrir, dejar enfriar, quitar la piel y separar en láminas.

2 Majar en un mortero los dientes de ajo, el romero, el cilantro, un toque de pimienta negra, una pizca de sal y el perejil. Añadir un poco de aceite y formar una pasta ligera. Condimentar con ella las patatas –peladas y cortadas en láminas de 1 centímetro de grosor– y disponer en una fuente de horno.

3 Incorporar el bacalao y los tomates –pelados, sin semillas y cortados en 8–, mezclar con las patatas y condimentar con la miel batida con 8 centilitros de aceite de oliva. Volver a mezclar, extender con cuidado, alisar y asar, en el horno precalentado a 190° C, entre 30 y 40 minutos. Servir muy caliente.

Un toque dulce. *El contrapunto aromático y de sabor que proporciona la miel marca la personalidad del plato, que agradece la presencia de una miel con carácter, tal vez de castaño o brezo.*

Carnes

Perdices al estilo de Coimbra

Perdizes frías à moda de Coimbra

Los partidarios de clasificaciones y calificaciones aseguran que este es el mejor plato de caza de la región de Beira Litoral. Lleva el nombre de Coimbra, la gran capital estudiantil del norte de Portugal y es tan sencillo como cualquier escabeche que se precie, convertido en un condimento ligero y suave, que respeta y refuerza el sabor de la perdiz.

ingredientes (para 6 personas)

- 3 perdices
- 2 cebollas grandes
- 2 zanahorias
- 20 cl de vino blanco
- 10 cl de vinagre
- 20 cl de aceite
- 2 clavos de especia
- 6 granos de pimienta negra
- Sal

dificultad	baja
preparación	1 h 15 m
calorías	medio
coste	medio

1 Limpiar las perdices, quitar los restos de plumas, lavar cuidadosamente por dentro y por fuera, secar con un papel absorbente, sazonar el interior y atar cada pieza, de modo que los muslos y las alas queden pegados al cuerpo.

2 Colocarlas en una cazuela con la cebolla –en láminas–, la zanahoria –pelada y entera–, el aceite, el vino blanco, el vinagre, los clavos de especia, los granos de pimienta y la sal.

3 Llevar a ebullición, a fuego lento, con la cazuela bien tapada, y dejar cocer hasta que la perdiz esté tierna (por lo menos 1 hora, está en función del tipo de perdiz). Retirar del fuego y dejar enfriar.

4 Desatar las perdices, cortar –por la mitad y a lo largo– y disponer media perdiz en cada plato. Acompañar con parte de la cebolla, unas rodajas de zanahoria y aliñar con el jugo del escabeche.

En conserva. *Estas perdices se pueden guardar, metiendo cada una en un tarro de cristal que rellenaremos con el escabeche. Después de cerrar el tarro herméticamente, se deja cocer, durante 40 minutos, al baño María. Luego, se esperará a que se enfríen para retirarlos.*

Pollo en olla de barro

Frango na púcara

La *púcara* es una olla de barro ovalada, con una tapa pesada, para asar en el horno. El origen del plato es Estremadura, pero alcanza más renombre en Alcobaça y Nazaré. Lo básico es la olla, pollo, verduras y vino. A partir de ahí, las alternativas se suceden, hasta llegar al *Frango na púcara à Templarios* de Serra (Estremadura), con setas y *madeira*.

ingredientes (para 6 personas)

- 1 pollo de unos 2 kg
- 200 g de tocino ahumado, en 6 lonchas
- 18 cebollitas francesas
- 6 tomates maduros
- 3 dientes de ajo
- 1 pimiento rojo
- 10 cl de vino de Oporto
- 10 cl de *brandy*
- 20 cl de vino blanco
- 2 cucharadas (soperas) de mostaza de Dijon y 1 de perejil picado
- Pimienta negra y sal

dificultad	media
preparación	1 h 40 m
calorías	alto
coste	económico

1 Limpiar el pollo, quemar los restos de plumas, cortar –en trozos medianos– y condimentar con sal y pimienta. Reservar.

2 Majar los dientes de ajo con la mostaza hasta obtener una pasta homogénea y untar con ella los trozos de pollo.

3 Extender las lonchas de tocino ahumado sobre el fondo de la olla de barro. Colocar encima los trozos de pollo, añadir las cebollitas –peladas y enteras–, los pimientos –sin semillas y en tiras– y los tomates –pelados, sin semillas y en cuartos–, regar con el *brandy*, el oporto y el vino blanco y sazonar.

4 Tapar la olla y meter en la parte alta del horno, precalentado a 200° C, durante 30 minutos. Bajar la temperatura a 100° C y dejar hasta que la carne esté tierna (por lo menos 45 minutos más, depende del pollo).

Cocina ilustrada. *Casi todos los platos populares acaban teniendo su versión más o menos ilustrada –o refinada, llámese como se quiera–, nacida al pasar la receta de toda la vida por el filtro de la cocina burguesa. Esta receta es un buen ejemplo.*

Pollo al madeira

Frango ao madeira

Los vinos de Madeira y de Oporto son las dos grandes joyas portuguesas. Desde el archipiélago llegan vinos licorosos, secos o dulces, que ganaron fama entre las grandes familias inglesas del siglo XVI y que, aún, marcan con su sabor muchos platos. Desde el punto de vista culinario, equivalen a los olorosos, los amontillados y los vinos dulces de Jerez, Montilla y Moriles.

ingredientes (para 6 personas)

- 1 pollo de unos 2 kg
- 6 dientes de ajo
- 20 cl de vino de Madeira
- 4 cucharadas (soperas) de aceite de oliva
- 6 granos de pimienta negra
- 1 cucharada (de café) de sal gorda

dificultad	baja
preparación	4 h y 30 m
calorías	alto
coste	económico

1 Limpiar el pollo, quemar los restos de plumas, cortar en trozos –medianos– y condimentar con sal y pimienta. Reservar.

2 Majar los dientes de ajo, la sal gorda y los granos de pimienta hasta obtener una pasta uniforme. Añadir, poco a poco, el vino hasta ligar un adobo cremoso.

3 Untar el pollo con el adobo por dentro y por fuera, colocar en una fuente de horno y dejar reposar, durante 2 o 3 horas, dándole la vuelta, cada 30 minutos, y volviendo a frotar el pollo con el adobo que caiga en la fuente.

4 Precalentar el horno a 180° C, meter la fuente y dejar al menos 1 1/4 horas (dependiendo del tipo y el tamaño del pollo). Retirar cuando esté tierno y servir.

El punto del asado. *Las diferencias entre un pollo de cría intensiva y otro de corral son abismales y entre ellos caben docenas de alternativas diferentes, lo que impide dar tiempos aproximados de cocción. Para saber si el pollo está a punto, no hay más que pinchar la pechuga con una varilla metálica: si la atraviesa bien y al sacarla no salen restos de sangre por el agujero, es que está a punto).*

Pato con arroz y naranja

Pato com arroz e laranja

El pato no es un producto frecuente, pero este plato tiene un origen concreto: la ciudad de Braga, en la región del Minho (como dicen por allí, un plato *minhoto)*. Aparece como *Pato com arroz à la portuguesa* en un libro de cocina del siglo XIX, de un popular autor que firmaba como Ollegoma. No es raro verlo con guindilla, ingrediente que hemos descartado para preservar sabores y aromas de un plato más que suculento.

ingredientes (para 6 personas)

- 1 pato mediano
- 500 g de arroz
- 300 g de jamón curado
- 100 g de panceta fresca
- 100 g de longaniza blanca
- El zumo de 1 limón
- 2 naranjas medianas
- 2 clavos de especia
- 1 cucharada (sopera) de perejil
- 2 cucharadas (soperas) de mantequilla
- Pimienta negra y sal

dificultad	alta
preparación	1 h 40 m
calorías	alto
coste	medio

1 Atar el pato –limpio, sin plumas, lavado secado y salpimentado el interior–, muslos y alas bien pegados al cuerpo. Pasarlo a una cazuela grande.

2 Añadir el jamón curado y la panceta –en tiras finas–, la longaniza –sin piel y en dados–, el zumo de 1 limón, perejil picado, clavos, pimienta negra recién molida y sal. Mezclar y agregar el agua necesaria para cubrir el pato.

3 Llevar a ebullición, espumando, y cocer hasta que la carne esté tierna (por lo menos 50 minutos), pero sin que se deshaga. Escurrir y pasar el caldo a un cuenco. Enfriar y desgrasar.

4 Poner el arroz en una cazuela ancha y baja con 2 medidas de caldo hirviendo por 1 de arroz. Sazonar, meter al horno, precalentado a 200° C, y dejar 20 minutos.

5 Colocar el pato –partido en 2–, con la piel hacia arriba –untada con mantequilla fundida– y hornear hasta que se dore (5 o 10 minutos). Retirar y repartir el jamón, la panceta, la longaniza y las naranjas –peladas y en rodajas finas– sobre el arroz.

Cerdo con almejas

Carne de porco com amêijoas

Este singular plato se ha convertido, gracias a su capacidad para ligar los sabores del cerdo y las almejas sin que uno prevalezca sobre otro, en una de las muestras más comentadas de la gastronomía portuguesa. Estamos ante una receta que en el litoral catalán llamarían «de mar y montaña» y que aquí se suele preparar en una *cataplana* de cobre.

ingredientes (para 6 personas)

- 1.200 g de magro de cerdo
- 1 kg de almejas
- 2 cebollas medianas
- 3 dientes de ajo
- 1 hoja de laurel
- 1 guindilla pequeña
- 20 cl de vino blanco
- 1 cucharada (sopera) de perejil picado, 2 de pimentón dulce y 1 de harina
- 3 cucharadas (soperas) de manteca de cerdo y 2 de aceite de oliva
- Pimienta negra y sal

dificultad	media
preparación	1 h 20 m
calorías	alta
coste	medio

1 Majar los dientes de ajo, deshacerlos en un poco de vino y mezclar con el resto del vino, el pimentón, la hoja de laurel –en trozos–, pimienta y sal. Incorporar la carne –en dados–, tapar y marinar, durante 24 horas, en la nevera, removiendo cada 2 o 3 horas. Escurrir la carne, reservando el adobo, y dorarla en una sartén con la manteca de cerdo. Retirar, escurrir y reservar. Saltear 1 1/2 cebollas –muy picada– en la misma grasa, hasta que empiece a dorarse. Incorporar la carne, añadir el líquido del adobo, tapar y cocer, 45 minutos, hasta que la carne esté tierna.

2 Saltear la 1/2 cebolla restante –picada muy fina– en una sartén con el aceite de oliva, añadir el perejil y mantener 10 minutos, a fuego lento, removiendo de vez en cuando, sin que se dore. Añadir la guindilla y 1 cucharada de harina –disuelta en 1/2 vaso de agua fría–. Llevar a ebullición hasta que empiece a espesar.

3 Añadir las almejas, tapar y esperar a que se abran. Unir el caldo de las almejas a la cazuela del cerdo, moviendo para ligar la salsa. Ajustar de sal, añadir las almejas, mezclar, dar el último hervor y servir.

La receta auténtica. *Se prepara con lomo de cerdo, con carne magra o con carne de pierna. Hay quien añade tomates al guiso de almejas y pimientos al de cerdo. No existe un solo plato en el mundo que se prepare de una sola forma, cada cocinero convierte su receta en la «auténtica».*

Cerdo en adobo estilo Trás os Montes

Rojões à moda de Trás os Montes

La carne de cerdo adobada hace fortuna en el norte de Portugal. Se multiplican las propuestas acompañadas del nombre de la localidad o región: a la moda de Oporto, Braga, Trás os Montes, o Minho. En esta última, la carne en adobo es un pretexto e incluye tripas de cerdo, hígado y sangre cocida. La fórmula del adobo cambia según el gusto del cocinero.

ingredientes (para 6 personas)

- 1.400 g de lomo de cerdo
- 500 g de castañas
- 50 g de manteca de cerdo
- 2 dientes de ajo
- 25 cl de vino blanco
- 1 hoja de laurel
- 1 clavo de especia
- 1 manojo de perejil picado
- 1 cucharada (sopera) de pimentón
- Pimienta negra y sal

dificultad	media
preparación	1 hora
calorías	alto
coste	económico

1 Majar los dientes de ajo en un mortero con el clavo, mezclar con el vino, la hoja de laurel –en trozos–, el pimentón, el perejil, sal y pimienta. Incorporar la carne de cerdo –en dados de unos 3 centímetros de lado–, mezclar, tapar y dejar 1 o 2 días macerando en el frigorífico.

2 Templar la carne con el adobo, pasar a una cazuela, llevar a ebullición, tapar y cocer, a fuego lento, hasta que la carne esté tierna (a partir de 35 minutos). Retirar del fuego, escurrir la carne y dorar, a fuego vivo, en una sartén con la manteca de cerdo fundida. Escurrir y reservar en una fuente.

3 Mantener el jugo de guisar la carne al fuego, dejando que se reduzca hasta 1/4 de su volumen inicial.

4 Saltear las castañas –cocidas y peladas– en la sartén con la manteca que ha quedado tras dorar la carne. Incorporar la carne, rehogar juntas un par de minutos, rociar con el adobo y servir.

Castaña *versus* patata. *La castaña es un producto típicamente norteño y, durante los primeros siglos de nuestra era, constituyó la base de la dieta de muchos pueblos europeos. Entonces ocupaba el lugar que le corresponde a la patata, desde el descubrimiento de América.*

Cordero con patatas

Borrego com batatas

Una forma tradicional de preparar el cordero y el cabrito durante la Pascua, que entronca con la forma de asarlos en nuestro país (con verduras, vino, especias y hierbas aromáticas). Así se prepara en Minho o Ribatejo. En Oporto, se hace un curioso cabrito asado con arroz al horno, mientras que, en el Alentejo, se inclinan por el *ensopado* de borrego.

ingredientes (para 6 personas)

- 1.200 g de pierna de cordero deshuesada en trozos
- 800 g de patatas
- 4 tomates maduros
- 2 cebollas
- 3 dientes de ajo
- 1 manojo de perejil fresco
- 50 g de manteca de cerdo
- Pimienta negra y sal

1 Calentar la manteca de cerdo en una cazuela y saltear las cebollas, los dientes de ajo y el perejil –todo picado muy fino–, a fuego lento, sin dejar de remover, hasta que la cebolla se dore (entre 10 y 15 minutos).

2 Incorporar la carne de cordero –limpia de sebo y en trozos medianos–, condimentar con pimienta negra y sal y saltear hasta dorar la carne.

3 Añadir los tomates –pelados, sin semillas y picados–, rehogar 15 minutos, removiendo de vez en cuando, agregar las patatas –peladas y en cuartos–, cubrir con agua, tapar y cocer, a fuego lento, al menos 50 minutos o hasta que la carne esté tierna.

4 Destapar la cazuela, ajustar el punto de sal y dejar cocer, 15 minutos más, antes de desgrasar y servir.

dificultad	baja
preparación	1 h 15 m
calorías	alta
coste	medio

Cordero pascual. *Las preferencias de la cocina portuguesa se inclinan por lo que, en Castilla, llaman cordero pascual y por la cría de la cabra, el cabrito, de sabor más fuerte que el cordero lechal. El sabor de la carne obliga a tratamientos más elaborados de los que se aplican a los corderos lechales.*

Bife à Marrare

La obra maestra culinaria de un italiano, Antonio Marrare que abrió cuatro cafés en la Lisboa de principios del siglo XIX, dos de los cuales alcanzaron una considerable fama gracias, precisamente, al éxito de este curioso plato. No hay duda: es uno de esos guisos de la cocina clásica, marcada por la omnipresencia de la nata y la mantequilla.

ingredientes (para 6 personas)

- 6 filetes de lomo o solomillo de unos 250 g
- 6 cucharadas (soperas) de nata líquida
- 9 cucharadas (soperas) de mantequilla
- 3 dientes de ajo grandes
- Pimienta negra molida y sal

1 Majar los dientes de ajo en un mortero hasta reducirlos a una pasta. Frotar con ellos la carne, a la que habremos dado unos golpes con la hoja de un cuchillo grande y pesado.

2 Calentar la mitad de la mantequilla en una sartén grande de fondo grueso, dorando, a fuego vivo los filetes, de 2 en 2, por un solo lado. Aderezar con sal y pimienta y reservar en una fuente.

3 Incorporar la mantequilla restante a la misma sartén, añadir la nata, mezclar bien, desglasar el fondo de la sartén y dejar hervir hasta reducir a la mitad de su volumen. Condimentar con sal y pimienta recién molida.

4 Devolver los filetes a la sartén y cocer, 2 o 3 minutos más, hasta que estén al punto deseado. Servir inmediatamente.

dificultad	baja
preparación	35 minutos
calorías	alto
coste	elevado

Filete a la portuguesa

Bife à Portuguesa

No sabría decir si es un plato típico o una multitud de platos que apenas tienen en común el prepararse con lomo de vacuno y el nombre: carne tipo *roast beef* con embutidos y huevos estrellados, carne a la plancha y cocida en salsa de verduras, filetes con un guiso de tomate y vino de Oporto. He escogido la que más me gusta entre las que conozco.

ingredientes (para 6 personas)

- 6 filetes de lomo o de solomillo de unos 250 g
- 1 kg de tomates maduros
- 3 cebollas grandes
- 1 pimiento rojo
- 1 pimiento verde
- 20 cl de vino de Oporto
- 20 cl de caldo de carne
- 1 cucharada (de postre) de azúcar
- 1 cucharada (sopera) de manteca y 3 de aceite de oliva
- Pimienta negra y sal

dificultad	media
preparación	50 minutos
calorías	medio
coste	elevado

1 Calentar la manteca y el aceite en una cazuela ancha. Saltear, a fuego suave, las cebollas –picadas muy finas– y los pimientos –limpios, sin semillas y cortados en tiras finas–, removiendo, de vez en cuando, para que se hagan, muy lentamente, durante 15 minutos. Subir, a fuego medio, y dorar la cebolla y los pimientos, sin dejar de remover.

2 Añadir los tomates –pelados, sin semillas y en trozos medianos–, rehogar 5 minutos, incorporar el caldo de carne y el oporto, condimentar con el azúcar, sal y pimienta negra, llevar a ebullición y dejar cocer, a fuego lento, hasta que se evapore casi todo el jugo.

3 Sazonar la carne y freír los filetes, de 2 en 2 y a fuego muy vivo, en una sartén ancha y de fondo grueso, hasta que estén al punto deseado.

4 Emplatar los filetes, cubrir con el sofrito y servir inmediatamente.

Por si falta algo. *Ya se ha dicho antes, hay quien acompaña esta carne con patatas fritas y huevos fritos (supongo que será por si alguien se queda con hambre: ¡benditos sean!).*

Postres

Queso de higos
Queijo de figo

La cocina del Algarve está marcada por los ocho siglos de presencia árabe. La repostería de la región se basa en productos clásicos de la dulcería norteafricana, como la almendra, la miel o la canela. Este es un dulce particular, preparado para celebrar la fiesta del 1 de mayo, lo que obligaba a poner manos a la obra y ello recién empezado el año.

ingredientes (para 6 personas)

- 500 g de higos secos
- 300 g de almendras fileteadas
- 8 cl de aguardiente de orujo

1 Aplastar los higos con la mano, cortar por la mitad, a lo ancho, y reservar.

2 Colocar un molde de horno circular, de tamaño mediano y sin fondo, sobre una tabla o una bandeja espolvoreada con harina.

3 Poner una capa de higos en el fondo del molde, cubrir con otra de láminas de almendra, condimentar con un poco de orujo y seguir colocando capas hasta acabar los ingredientes.

4 Tapar la superficie con una hoja de papel vegetal, colocar un peso sobre ella y dejar 3 o 4 meses, en un lugar fresco.

dificultad	baja
preparación	30 minutos
calorías	alto
coste	medio

Más suave. *No es fácil ponerle compañía a una preparación tan consistente y dulce como esta, como no sea algún condimento más ligero que suavice los sabores: una mezcla de nata líquida, canela y un poco de azúcar, ligeramente batidas, pero sin dejar que se monte la nata.*

Natillas

Leite creme

Leite creme es el nombre que dan a las natillas en Portugal. Como en España, cada cocina prepara una versión diferente del plato: más o menos espesas, con una galleta, con caramelo o sin él, a veces con merengues de clara de huevo montada o sin ellos. Todo vale en un mundo que depende, exclusivamente, de los gustos del cocinero o la cocinera.

ingredientes (para 6 personas)

- 300 g de azúcar
- 7 yemas de huevo
- 75 cl de leche
- La piel de 1 limón
- 1 cucharada (de postre) de harina de maíz
- Una pizca de sal

1 Batir las yemas de huevo con 250 gramos de azúcar, 1 cucharada de harina de maíz y una pizca de sal, hasta obtener una mezcla cremosa de color blanquecino.

2 Llevar a ebullición la leche con la piel del limón. Retirar del fuego, dejar que pierda temperatura y añadirlo a la mezcla anterior, sin dejar de batir.

3 Pasar a un molde de repostería, colocarlo dentro de una cazuela con agua y cocer al baño María, a fuego muy lento, sin dejar de remover con una espátula de madera, hasta que empiece a espesar. Retirar del fuego.

4 Quitar la piel de limón, pasar la crema a una fuente, dejar enfriar, cubrir con 50 gramos de azúcar y quemar con una plancha de hierro.

dificultad	media
preparación	1 hora
calorías	alto
coste	económico

Manjar celestial

Manjar celeste

No se puede negar la habilidad de los portugueses para bautizar sus platos. Es el caso del manjar celeste, postre de nombre conventual, muy popular en buena parte del país. La combinación es tan sencilla –requesón desmigado, azúcar, yemas de huevo y un poco de agua– como agradable el resultado: un plato dulce que nos acerca al mundo de los flanes.

ingredientes (para 6 personas)

- 300 g de requesón
- 300 g de azúcar
- 20 cl de agua
- 8 yemas de huevo

1 Disolver el azúcar en el agua y llevar a ebullición, a fuego lento, hasta obtener un jarabe ligero.

2 Retirar del fuego, añadir el requesón, bien deshecho y mezclar con el jarabe. Llevar de nuevo a ebullición, retirar del fuego y dejar enfriar.

3 Añadir las yemas, previamente batidas, cuando esté casi frío, hasta ligar. Volver a poner a fuego muy lento, sin dejar de remover, hasta que empiece a tomar consistencia.

4 Dejar enfriar otra vez, rellenar 6 moldes de barro y poner al gratinador del horno, durante el tiempo justo para que se dore la superficie.

dificultad	bajo
preparación	30 minutos
calorías	alto
coste	económico

Aromas. *La propuesta admite algunos toques aromáticos. Lo más clásico podría ser un poco de piel de naranja rallada, o unas gotas de agua de azahar, aunque también podríamos aportar un toque de canela o un poco de azúcar de vainilla.*

Fideos con huevos

Aletria com ovos

Un plato más que curioso, nacido a caballo entre la región del Minho y la del Douro, dos de las tres cocinas marcadas por los grandes ríos que atraviesan Portugal. La propuesta es sencilla y, si no fuera por la presencia de los fideos, nos colocaría ante una de las muchas posibilidades que se concretan en torno a las natillas.

ingredientes (para 6 personas)

- 275 g de azúcar
- 150 g de fideos finos
- 70 g de mantequilla
- 60 cl de leche
- 4 yemas de huevo
- La piel de 1 limón
- 1 cucharada (de postre) de canela en polvo

1 Cocer los fideos en 1/2 litro de agua hirviendo, durante 5 minutos. Escurrir y reservar.

2 Mezclar la leche con la piel del limón, el azúcar y los fideos escurridos. Poner a fuego muy lento y cocer 6 minutos. Agregar la mantequilla, mezclar hasta que se funda y retirar del fuego.

3 Esperar a que pierda algo de temperatura y añadir las yemas de huevo, previamente batidas, sin dejar de remover.

4 Llevar de nuevo a ebullición, a fuego muy suave, y mantener el hervor durante 3 minutos, sin dejar de remover hasta ligar bien el guiso. Sacar la piel de limón, retirar del fuego, dejar enfriar, distribuir en copas individuales o en una fuente honda, espolvorear con canela y servir.

dificultad	media
preparación	25 minutos
calorías	alto
coste	económico

Pastel podrido

Bolo-podre

El nombre de este postre tradicional del Alentejo (las tierras más allá del Tajo) llama la atención: pastel (o tarta) podrido. Hay quien lo llama *bolo* de miel, pero el nombre confunde, porque hay otra tarta de miel en Madeira, que, por cierto, tiene poco que ver con esta. Hay quien prescinde de la levadura, pero yo soy partidario de incluirla en la masa.

ingredientes (para 6 personas)

- 350 g de harina
- 350 g de miel
- 220 g de azúcar
- 5 huevos
- 12 g de levadura de cerveza
- La piel de 1 limón
- 1 cucharada (de postre) de canela en polvo
- 20 cl de aceite de oliva

dificultad	media
preparación	1 h 55 m
calorías	alto
coste	económico

1 Batir la miel con 20 centilitros de aceite de oliva, hasta ligar la mezcla. Añadir el azúcar y seguir batiendo, con la batidora a velocidad baja, hasta conseguir una consistencia cremosa y ligera.

2 Agregar la piel de limón rallada, la canela y las yemas de huevo, una a una, mezclando con una varilla cada una hasta integrarla, antes de añadir la siguiente.

3 Incorporar, poco a poco, la harina, añadir, a continuación, la levadura –diluida en un poco de agua tibia–, manteniendo la batidora en marcha. Apagar la batidora y unir las claras de huevo batidas a punto de nieve, mezclando suavemente con una espátula. Cubrir con un paño y dejar 1 hora en reposo.

4 Engrasar un molde de horno desmontable, rellenarlo con la mezcla, cubrir con una hoja de papel especial para horno y cocer, con el horno precalentado a 200° C, 20 minutos. Retirar el papel y prolongar la cocción 15 minutos, hasta que se dore.

5 Retirar del horno, dejar enfriar, desmoldar y servir.

Torta de almendras

Bolo de amêndoa

Como en España, la almendra es uno de los productos más habituales en la repostería potuguesa. Buena muestra de ello son las *amêndoas* de Moncorvo, en Trás os Montes, los *bolinhos de amêndoas* de San Brás de Alportel y la tarta de almendras que presentamos, habitual en la mitad de las cocinas del país, pero cercana a los hábitos de las regiones meridionales.

ingredientes (para 6 personas)

- 350 g de azúcar
- 200 g de almendras peladas
- 6 huevos
- 2 cucharadas (soperas) de harina
- 2 cucharadas (soperas) de mantequilla

1. Batir las yemas de huevo con el azúcar, hasta obtener una pasta blanquecina. Añadir las claras, montadas a punto de nieve, mezclando suavemente.
2. Incorporar la almendra –molida muy fina–, mezclar, lentamente, hasta obtener una pasta suave y uniforme.
3. Engrasar un molde con la mantequilla fundida, espolvorear con harina, rellenar con la pasta recién preparada y cocer, en el horno precalentado a 180° C, alrededor de 25 minutos (lo mejor es comprobarlo pinchando con una varilla, que debe salir seca).
4. Sacar del horno, desmoldar y dejar enfriar.

dificultad	media
preparación	45 minutos
calorías	alto
coste	medio

Crema de huevo. *No es mala idea condimentar esta tarta con una crema de yemas de huevo, hecha con una pequeña cantidad de almíbar (una cucharada de agua y dos de azúcar) y seis o siete yemas de huevo, ligeramente batidas y añadidas al almíbar pasándolas por un colador fino.*

Las regiones de Portugal

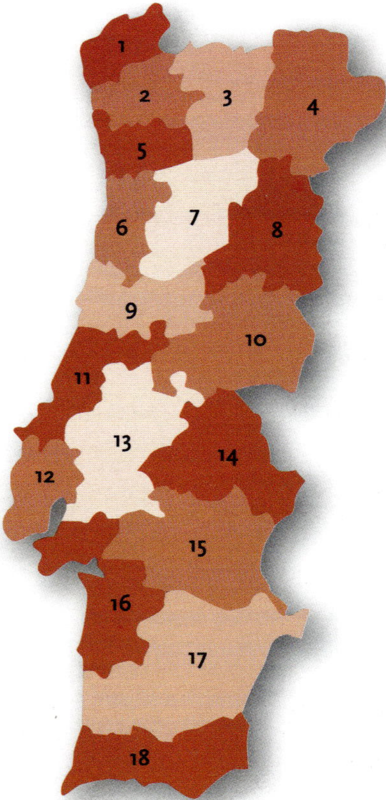

1 Viana do Castelo
2 Braga
3 Vila Real
4 Bragança
5 Oporto
6 Aveiro
7 Viseu
8 Guarda
9 Coimbra
10 Castelo Branco
11 Leiria
12 Lisboa
13 Santarém
14 Portalegre
15 Évora
16 Setúbal
17 Beja
18 Faro

Glosario

Baño María. Cocción, a fuego muy lento, que se realiza en una cazuela introducida en otra, llena de agua.

Borrego. Cordero.

Broa. Pan casero, redondo y bajo, hecho con harina de maíz.

Caldeirada. Guiso marinero de pescados hecho en cazuela de barro.

Cataplana. También llamada *prusiana*. Cazuela formada por dos semiesferas de cobre, unidas entre sí por una bisagra, con tapa hermética y formas que recuerdan a la de los antiguos braseros, muy utilizada en Portugal para prepara algunos guisos de pescado.

Confitado. Se aplica para referirse a la cocción prolongada y a baja temperatura de un producto.

Coriandro. Cilantro, culantro.

Chino. Colador metálico, en forma de cono, que se utiliza para pasar salsas o caldos, ayudándose con una mano de madera de la misma forma que el chino. Se suele confundir con el pasapurés.

Desalar. Quitar la sal a un producto (el bacalao, por ejemplo) que, por lo general, ha estado en salmuera *(véase* pág. 32).

Desglasar. Disolver los restos sólidos, dejados en la cazuela por un guiso, añadiendo un poco de líquido y raspando con una cuchara mientras se mantiene la cazuela al fuego.

Desgrasar. Retirar la grasa que flota en la superficie de un guiso.

Emplatar. Disponer un guiso en platos individuales.

Enguia. Anguila.

Escaldar. Dar un rápido hervor a un producto. Se aplica para facilitar el pelado de los tomates o para desplumar más fácilmente las aves.

Espumar. Retirar la espuma o nata que se forma en la superficie de algunos guisos. Se suele hacer con la rasera.

Farinheira. Embutido preparado con carne, grasa de cerdo y harina de trigo, parecido a los farinatos salmantinos.

Frango. Pollo.

Lebrillo. Vasija, generalmente de barro vidriado, más ancha por el borde que por el fondo y que se utiliza en la elaboración tradicional de los gazpachos.

Lula. Calamar.

Malagueta. *Capsicum frutescens.* Dicen que es la más picante de todas las guindillas.

Molho. Salsa.

Peru. Pavo.

Pimenta. Guindilla.

Piri-piri. Guindilla (y, por extensión, salsa) de origen africano y oriental.

Plancha de hierro. Pieza metálica, de forma circular y con un mango alargado, que se calienta al fuego y se utiliza para caramelizar el azúcar que cubre algunos postres (como las natillas o la crema de leche, entre otros).

Púcara. Olla de barro ovalada, con una tapa pesada, para asar en el horno.

Ramillete. *Bouquet garni.* Ramillete de hierbas aromáticas, que se incorporan al guiso atadas entre sí y sujetas con una cuerda, para poder retirarlo cuando se estime necesario.

Salsinha. Perejil.

Índice